Walther Vogel

Deutschlands Zurückdrängung von der See

Walther Vogel

Deutschlands Zurückdrängung von der See

ISBN/EAN: 9783954272815
Erscheinungsjahr: 2013
Erscheinungsort: Bremen, Deutschland

© *maritimepress in Europäischer Hochschulverlag GmbH & Co. KG, Fahrenheitstr. 1, 28359 Bremen. Alle Rechte beim Verlag und bei den jeweiligen Lizenzgebern.*

www.maritimepress.de | office@maritimepress.de

Bei diesem Titel handelt es sich um den Nachdruck eines historischen, lange vergriffenen Buches. Da elektronische Druckvorlagen für diese Titel nicht existieren, musste auf alte Vorlagen zurückgegriffen werden. Hieraus zwangsläufig resultierende Qualitätsverluste bitten wir zu entschuldigen.

MEERESKUNDE
SAMMLUNG VOLKSTÜMLICHER VORTRÄGE
ZUM VERSTÄNDNIS DER NATIONALEN BEDEUTUNG VON
MEER UND SEEWESEN

| ZEHNTER JAHRGANG | DRITTES HEFT |

Deutschlands Zurückdrängung von der See.
Von Dr. Walther Vogel, Privatdozent an der Universität Berlin.

er Kampf, den Deutschland gegenwärtig auszufechten hat, ist zum Teil ein Kampf um die Seegrenze. Will man dem Schlagwort, daß es in dem Ringen mit England um die Freiheit der Meere gehe, einen greifbaren Sinn unterschieben, so kann es nur der sein, daß das Deutsche Reich um eine Erweiterung seines Küstenbesitzes kämpft, die ihm die Macht gibt, den freien Zu- und Abgang seiner Handelsschiffe auch in Kriegszeiten sicherzustellen. Die Frage der Freiheit der Meere ist also, bei Lichte betrachtet, weniger eine Frage des Völkerrechts, als eine Machtfrage, noch enger gefaßt eine territoriale Frage, eine Frage des Landbesitzes.

Sollte der Friedensschluß den Einflußbereich des Deutschen Reiches an der Küste in Ost und West ausdehnen, so wäre darin der Fortgang oder Abschluß einer Küstenerweiterung zu sehen, die etwa seit der zweiten Hälfte des 17. Jahrhunderts eingesetzt hat, und ihrerseits wieder die Gegenwirkung auf eine etwa zweihundertjährige Zurückdrängung Deutschlands von der See darstellt. Vor dieser Zurückdrängung, die etwa, um genaue Zahlen zu nennen, 1433 bis 1648 zu datieren ist, liegt wieder eine Periode der

Ausbreitung an der See (1143—1310), der abermals eine Zeit der Verengerung des Küstenbereiches vorangeht.

So haben wir die eigentümliche Erscheinung eines abwechselnden An- und Abschwellens der Seegrenze, gewissermaßen eines Aus- und Einatmens von Seeluft durch die Deutschen. Letzten Endes geht dieser Vorgang auf die Tatsache zurück, daß die Deutschen und ihr Land d a s R e i c h d e r M i t t e in Europa sind, wie kein anderes umdrängt und bedrängt von kriegerischen und ausdehnungssüchtigen Nachbarn. In diesem Kampfe ums Dasein ist den Deutschen bald die Lebensluft beengt worden, bald haben sie sich mit kraftvoller Anstrengung wieder Raum zum Atmen geschaffen. Nicht nur die Grenzen, sondern auch der politische Schwerpunkt ihres Staates hat sich bei diesem Ringen und Drängen in einer Weise verschoben, wie wir es kaum bei einem anderen Volke Europas finden. Vom mittleren Rheinland (Frankfurt, Mainz, Worms, Speyer usw.) ist der politische Schwerpunkt nach dem Donauland (Wien), von dort nach dem norddeutschen Urstromtal (Berlin) gewandert, und seit Beginn geschriebener Geschichtsüberlieferung ist nur etwa das Gebiet zwischen der Nordseeküste, der Ems, dem Rhein, dem Main, der Elbe und Saale d a u e r n d in den Händen der Deutschen gewesen.

Bei seiner Begründung Ende des 9. Jahrhunderts, d. h. bei seiner Trennung vom Karolingerreiche, berührte der deutsche Staat nur die Nordsee, und zwar von der Eider- bis zur Scheldemündung. Den größten Teil dieses Küstengebiets nahmen die nördlichen Niederlande, nach damaligem Sprachgebrauch Friesland, einschließlich der zeeländischen Inseln, ein; den eigentlichen Grenzpunkt nach Westen bildete der im Gudrunlied erwähnte Wulpensand, eine Insel zwischen zwei Armen des Sinkfal oder Zwin, jenes Meerbusens, der als Hafen des mittelalterlichen Weltmarktes Brügge bekannt ist. Flandern gehörte nicht, wie ein weitverbreiteter Irrtum meint, zum Deutschen Reiche, sondern ist trotz seines flämisch-niederdeutschen Volkstums stets ein Lehen der französischen Krone gewesen, bis 1526 (s. Karte S. 20).

An die Ostsee reichte die deutsche Siedlung seit der Völkerwanderung nirgendwo mehr heran. Dänen und Wenden berührten sich an der Kieler Bucht. Ob im 10. und 11. Jahrhundert (934—1035) zeitweilig eine deutsche Herrschaft zwischen Schlei und Eider bestanden hat (die sogenannte dänische Mark oder Mark Schleswig), ist umstritten; jedenfalls war der Einfluß des deutschen Königtums hier gering, und von einer Ausdehnung der deutschen Siedlung auf dem platten Lande bis an die Ostseeküste kaum die Rede; der Hauptausgangshafen des Seeverkehrs, Schleswig, stand, obwohl sächsische (vielleicht auch friesische) Kaufleute dort ansässig waren, unter dänischer Oberhoheit. Mehrmals ist der Versuch gemacht worden, mit dänischer Hilfe in diesen Gegenden eine wendisch-christliche Herrschaft zwischen den deutschen Besitz und die See einzuschieben (unter Gottschalk 1042—1066, Heinrich 1105—1127, Knut dem Laward 1127—1131).

Das wurde erst anders, als die **ostdeutsche Kolonisation** etwa seit der Mitte des 12. Jahrhunderts den Bereich des Deutschtums weit nach Osten ausdehnte. Weite Länder, die zur Römerzeit (bis ins 4. und 5. Jahrhundert hinein) eine Heimat germanischer Stämme gewesen waren, wurden damit nach 600- bis 700jähriger Unterbrechung dem Deutschtum zurückgewonnen. Das deutsche Volk, namentlich der niedersächsische Stamm, trat in eine viel engere Verbindung mit Meer und Seewesen als bisher, eine Verbindung, die sich in der Entstehung der d e u t s c h e n H a n s e, eines Verbandes norddeutscher Städte zur Ausbreitung und Vertretung ihres auswärtigen Handels, kundgibt.

Die Besetzung der Ostseeküste durch die deutschen Siedler ging gewissermaßen in zwei verschiedenen Strömungen vor sich: die eine bewegte sich von der Elbe-Linie und Holstein über Land und erreichte vor dem Ende des 12. Jahrhunderts überall die Linie Wismar—Schwerin—Brandenburg, bis 1240 die Oder-Linie, in der 2. Hälfte des 13. Jahrhunderts drang sie auch in Hinterpommern und Rügen ein. Der Zisterzienser- und Prämonstratenser-Mönch, der adelige Unternehmer, der städtische Handwerker und Kaufmann und der Bauer wirkten gleichmäßig am Werke mit. Die andere Strömung, von Lübeck, dem 1143 begründeten ersten reindeutschen Ostseehafen ausgehend, eilte über See zugleich rascher und weiter vor. Es bewährte sich hier, wie öfter, daß die See, wenn man erst einmal die technischen Mittel zu ihrer Überwindung gefunden hat, leichter, allerdings auch loser verbindet als das Land. Die ersten Pioniere des Deutschtums waren hier reisende Kaufleute. An den entferntesten Punkten sehen wir sie am frühesten auftauchen: Nowgorod am Ilmensee beherbergt nach der Mitte des 12. Jahrhunderts eine deutsche Kaufmannsgenossenschaft, etwa gleichzeitig ersteht Wisby auf Gotland als deutsche Kolonialstadt, um 1185 wird von Wisby und Lübeck aus die Mündung der Düna angesegelt, und 1201 begründet dort der Bischof Albert von Buxhövden die deutsche Stadt Riga. Denn den Kaufleuten folgte auf dem Fuße die Mission. Ein Jahr nach der Gründung Rigas gab die Errichtung des Schwertritterordens der Bekehrung Livlands eine feste Organisation. Hundert Jahre später waren Kurland und Livland völlig unterworfen. Estland, ursprünglich eine dänische Kolonie, war 1227 bereits vorübergehend in deutsche Hand geraten, kam aber 1237—1346 durch einen Machtspruch des Papstes wieder unter dänische Hoheit, um erst von da ab dem Ordenslande angegliedert zu werden. Seit 1230 hatte endlich auch der deutsche Orden in Preußen sein Eroberungs- und Bekehrungswerk begonnen. Man möchte sagen, der zweite, überseeische Kolonisationsstrom wendet sich hier rückwärts, dem Überlandstrom entgegen. Nach dem großen Aufstand der 1260er Jahre ist die deutsche Herrschaft auch in Preußen gesichert, und 1309/10 krönt der Orden sein Werk, indem er das bisher selbständige slawische Herzogtum Pommerellen (Westpreußen) im Wettkampf mit den Polen und den askanischen Markgrafen von Brandenburg sich unterwirft. Hier flossen nun der Überseestrom und der Landstrom der Kolonisation endgültig ineinander, denn auch in Hinterpommern hatte das deutsche Element sich inzwischen mehr und mehr verstärkt. Allerdings konnte Pommern noch bis ins 16. Jahrhundert als ein halbslawisches Land gelten, und bis in die Gegenwart hinein weist ja die Siedlungszone des Deutschtums hier eine Lücke auf, da die Kaschuben am Putziger Wiek die Ostsee berühren. Eine andere schwache Stelle lag weiter östlich in der Verbindung der Lande des deutschen Ordens mit denen des Schwertritterordens (der sich 1237 dem ersteren angeschlossen hatte). Zwischen Kurland und Preußen schiebt sich das litauische Samogitien ein. Man kann sagen, im Kampfe um dieses Schlußstück seines Eroberungswerkes hat sich der Orden verblutet; es gelang ihm nicht, dauernd Fuß zu fassen. Nur ein fadendünner Küstensaum verband Ostpreußen mit Kurland. So blieb das livländische Ordensgebiet fast allein über See mit dem Deutschen Reiche verbunden, und die Entstehungsart dieser deutschen Kolonie hat sich in der politisch-geographischen Gestaltung dauernd ausgeprägt.

Um 1310 also hatte das Deutschtum an der See seine weiteste Ausdehnung erreicht. Als der deutsche Hochmeister damals in der stolzen Marienburg über den Ufern der Nogat seinen Herrschersitz aufschlug, ward ein Markstein dieser gewaltigen Siedlungsbewegung errichtet. Deutsche besaßen und beherrschten die atlantische Küste Europas von der Scheldemündung bis zum Finnischen Meerbusen. Im Laufe des 14. Jahrhunderts (während der Regierung Karls IV.) ist der deutsche Besitz sogar noch etwas über die Grenzen von 1310 hinausgewachsen. Einmal wurde, wie erwähnt, Estland 1346 dem Ordensland angegliedert. Sodann hatten es die holsteinischen Grafen aus dem Schauenburgischen Hause dem Einfluß ihres mächtigen Gliedes Gerhard während der Verfallzeit Dänemarks in der ersten Hälfte des 14. Jahrhunderts zu danken, daß sie durch die Belehnungen von 1326, 1330 und 1386 in den Besitz des dänischen Herzogtums Schleswig gelangten. Deutsche Sprache und deutsches Volkstum gewann hier den Dänen und Nordfriesen Boden ab.

Um die Wende des 14. Jahrhunderts setzt nun aber bereits die rückläufige Bewegung ein, die zu folgenschweren, wie es bis jetzt schien, dauernden Verlusten im Osten und Westen führen sollte.

Die erste Absplitterung, die zugleich die wichtigste war, erfolgte im Westen. Die Lösung der Niederlande vom Deutschen Reiche ist für dessen Lage und Verhältnis zur See bis zur Gegenwart entscheidend gewesen, um so entscheidender, als sich das Schwergewicht von Seehandel und Schiffahrt ja in neuerer Zeit mehr und mehr nach dem Westen verschoben hat. Diese Loslösung der Niederlande ist aber nicht ein einmaliger, sozusagen katastrophenartiger Vorgang, sondern ein Prozeß, der sich über lange Zeiträume erstreckt hat und bei dem verschiedene Ursachen mitwirkten.

Zunächst war nach echt mittelalterlicher Weise ein rein dynastischer Bewegungsgrund wirksam. König Johann von Frankreich belehnte 1363 seinen jüngeren Sohn Philipp (den „Kühnen") mit dem erledigten französischen Herzogtum Burgund. Philipp heiratete 1369 Margarethe, die Tochter des letzten Grafen von Flandern aus dem Hause Dampierre, Ludwigs III. v. Maele. Damit erwarb er die Erbanwartschaft nicht nur auf die seinem Herzogtum benachbarte **Freigrafschaft** Burgund, sondern auch auf Artois und Flandern. Als der Erbfall 1384 eintrat, wurde der Grund zu dem niederländischen Besitz des Hauses Burgund gelegt. Weitere Erbschaften und Käufe brachten Philipps gleichnamigen Enkel (den „Guten") 1421 in den Besitz von Namur, 1430 von Brabant und Limburg, 1443 von Luxemburg. So wurde binnen fünfzig Jahren bereits der größte Teil der südlichen Niederlande (des späteren Belgien) in burgundischer Hand vereinigt. Ein Sproß der Valois, ein französicher Prinz, gebot über diese wichtigen Grenzlandschaften des Deutschen Reiches.

Eine andere Erwerbung Philipps des Guten aber war für unsere Frage von viel größerer Bedeutung. Indem er sich in die Parteikämpfe Hollands und Zeelands mischte, zwang er 1433 die Erbin dieser Länder, Jakobäa von Bayern, auf ihren Besitz (zu dem auch Hennegau gehörte) zu verzichten. Philipps Eingreifen und Sieg wäre nicht möglich gewesen, wenn er nicht die holländischen Städte auf seiner Seite gehabt hätte. Damit treffen wir auf den zweiten Umstand, der bei der Lösung der Niederlande vom Reiche mitwirkte.

Von niederländischen Geschichtsschreibern ist bisweilen die Ansicht vertreten worden, die nördlichen Niederlande hätten von jeher kraft ihrer geographischen Lage eine Mittelstellung zwischen Deutschland und Frankreich eingenommen; eine Mittelstellung, die sich auch in dem frühzeitigen zahlreichen Eindringen französischer Worte in die holländische Mundart zeige und die diese Gebiete gewissermaßen von vornherein auf eine Abspaltung von Deutschland hingewiesen habe.

Dagegen ist zu erwidern, daß bis ins 15. Jahrhundert die Grafschaften Holland und Zeeland keine andere Stellung zum Deutschen Reiche eingenommen und keine größeren Absonderungsgelüste gezeigt haben als andere deutsche Landschaften auch. Noch Mitte des 13. Jahrhunderts war ein holländischer Graf (Wilhelm) deutscher König gewesen. Seit Mitte des 14. Jahrhunderts geboten Grafen aus dem Wittelsbacher Hause über diese Küstengebiete. Nichts berechtigt uns, aus dem Verhalten der holländischen Städte auf eine n a t i o n a l e Abneigung zu schließen.

Allerdings standen die holländischen Städte in einem Gegensatz zu der Mehrzahl der übrigen norddeutschen Städte. Sie gehörten nicht zur deutschen Hanse, d. h. sie hatten (mit wenigen Ausnahmen) nicht teil an dem umfangreichen Besitz von Handelsprivilegien, den sich die Gesamtheit der übrigen norddeutschen Städte nach und nach im nordwest- und nordosteuropäischen Ausland erworben hatte. Dieser Gegensatz war ursprünglich wohl mehr ein ständisch-sozialer als ein landschaftlicher. Die Hanse, ihr Handelsrecht und ihr Handelssystem war aus dem Betrieb s t ä d t i s c h e r

Kaufmannschaft hervorgegangen. Aber seit Zeiten, die vor dem Aufkommen alles Städtewesens liegen, hatten die bäuerlichen Friesen des platten Landes in dem Gebiet zwischen Maas, Schelde und Weser sich an Handel und Schiffahrt beteiligt. Die hansischen Städter hatten diesen bäuerlichen Wettbewerb immer mit Mißtrauen betrachtet, und der Gegensatz blieb bestehen, seitdem nun auch in Holland das Städtewesen (später als weiter ostwärts) aufzublühen begann.[1]) Amsterdam, Briel u. a. erfochten zwar gemeinsam mit den Hansestädten im Kriege gegen Waldemar IV. von Dänemark größere Vorrechte für den Fischerei- und Handelsbetrieb auf Schonen (1370), aber auf andere Länder wurde diese Gemeinschaft nicht ausgedehnt.

Im Gegenteil wurden die Holländer und Zeeländer den Hansestädten lästig, als sie ihre herkömmliche Getreideschiffahrt aus der Ostsee in einer Weise auszuüben begannen, die städtischen Rechten Eintrag tat[2]), und als sie anfingen, durch billige Frachtsätze den Verkehr mit osteuropäischen Stapelgütern von Livland nach Flandern an sich zu ziehen. Dieser Verkehr galt als der Lebensnerv des hansischen Handels. Die Hanse schritt daher mit Verboten gegen die Holländer ein. Das aber wurde z. T. wieder der Anlaß, daß die holländisch-zeeländischen Städte mit Freuden Philipp

---

[1]) Bis zu einem gewissen Grade mag allerdings die Entlegenheit der Städte im Rheindelta vom Kern der Hanse mitgewirkt haben. Dordrecht, Middelburg und andere Städte älteren Ursprungs als die nordholländischen Städte Amsterdam usw. haben doch nie zur Hanse gehört, wohl aber die östlicher gelegenen Jjsselstädte und selbst das friesische Stavoren.

[2]) Es handelt sich hier um die Verschiffung und Aufkauf von Korn in entlegenen ländlichen Plätzen, sogenannten „Klipphäfen", in Holstein, Mecklenburg und Pommern unter Umgehung des städtischen Handels.

von Burgund als ihren Herrn anerkannten. Sie hofften, an seiner politischen und militärischen Macht einen Rückhalt in ihrem Streit mit der Hanse zu finden, und sie haben sich in dieser Erwartung nicht getäuscht.

Das Geschäft war ein gegenseitiges. Den burgundischen Fürsten bot sich in den Holländern und Zeeländern und ihren Schiffen ein vorzügliches Material für eine Kriegsflotte, wenn sie Bedarf für eine solche hatten. So ist hier neben und im Gegensatz zur Hanse der Kern zu einer zweiten deutschen, aber reichsfeindlichen Seemacht erwachsen.

Zunächst freilich machte sich die französisch-deutsche Doppelstellung des Hauses Burgund viel mehr in dem Gegensatz gegen Frankreich als gegen Deutschland geltend. Ludwig XI. von Frankreich hat alles daran gesetzt, die Macht des verhaßten Vasallen zu stürzen. Ihm und den Schweizern ist es denn auch schließlich zu danken, daß der Stern des Hauses mit dem Falle Karls des Kühnen vor Nancy (1477) ebenso plötzlich erlosch, wie er aufgeleuchtet hatte. Und noch einmal nahm hier das Schicksal eine Wendung, die eher auf eine Ausdehnung als eine Einschränkung des deutschen Einflusses an der Nordsee- und Kanalküste hinzudeuten schien. Die Heirat Maximilians mit Karls des Kühnen Tochter Maria, der Erbin von Burgund, lieferte den ganzen reichen Besitz statt in französische in habsburgische Hände. Was Karl V. (von Frankreich), Ludwig XI. und ihre Vorgänger mit aller Macht zu verhindern gesucht hatten, die Loslösung Flanderns von Frankreich, das gerade trat nun ein.

Aber der Gewinn kam doch auch dem Deutschen Reiche nicht zugute. Vielmehr war das Ergebnis der geschilderten Folge von Begebenheiten die Bildung eines selbständigen niederländischen Staatswesens von der Schelde bis zur Ems. Die burgundischen Herzöge hatten sich bereits geweigert, die französische und die deutsche Oberlehnsherrlichkeit für ihren Länderbesitz anzuerkennen. Der Traum Karls des Kühnen war ein völlig selbständiges Königreich Burgund, eine Erneuerung des alten lotharischen Zwischenreiches von der Nordsee bis zum Mittelmeer. Dieses Selbständigkeitsgefühl ging auf seine habsburgischen Erben über. Maximilians Enkel, der Deutsche Kaiser Karl V., blieb im Herzen allem deutschen Wesen völlig fremd. Er war durch und durch niederländischer Burgunder — wie ja auch seine Wiege in Gent stand. In ihm haben wir den eigentlichen Vollender des niederländischen Staats, der niederländischen Selbständigkeit zu sehen. Die Reichsreform von 1495 und 1512 hatte dem Deutschen Reiche eine Reihe gemeinsamer Institutionen gegeben, vor allem das Reichskammergericht und die Einteilung in zehn große Verwaltungsbezirke oder „Landfriedenskreise". Aus dem burgundischen Besitz wurde zwar ein Kreis, der „burgundische", gebildet, aber weder sind hier die Kreiseinrichtungen jemals in Wirksamkeit getreten, noch wurde die Befugnis des Reichskammergerichts anerkannt. In diesem Hausbesitz der Dynastie waren lediglich die eigenen burgundischen Verwaltungs- und Rechtsordnungen maßgebend, die Zugehörigkeit zum Reiche wurde eine bloße Formalität. Die entscheidende Tat Karls V. aber war die, daß er durch territoriale Abrundung diesen niederländisch-burgundischen Staat wirklich zu einer lebensfähigen, geographisch abgeschlossenen Macht ausgestaltete. Im Frieden von Madrid 1526 zwang er Franz I. von Frankreich, auf seine Lehenshoheit über Flandern und Artois zu verzichten. Erst seit diesem Vertrag gehörte Flandern, wenigstens formell, dem Deutschen Reiche an.

1524 setzte sich der Kaiser ferner in den Besitz Frieslands (d. h. der heutigen niederländischen Provinz dieses Namens), eines Landes, das bis dahin selbständig, von wilden Parteikämpfen zerrissen und zuletzt im Pfandbesitze der sächsischen Albertiner gewesen war. Endlich stellte er die Landverbindung zwischen seinem Besitz südlich und nördlich der Zuidersee her, indem er 1528 das Nieder- und Oberstift des Bistums Utrecht (die heutigen Provinzen Utrecht und Overijssel), 1536 Groningen und Drente, endlich 1543 das Herzogtum Geldern unter seine Botmäßigkeit brachte. Von irgendwelcher natürlich-völkischer Zusammengehörigkeit dieser Länder östlich der Zuidersee zu den übrigen Niederlanden kann keine Rede sein. Selbstverständlich bestanden Verkehrsbeziehungen nach Holland hinüber, aber viel enger waren doch die Zusammenhänge mit den benachbarten westfälischen und niederrheinischen Gebieten, wie noch heute Mundart und Sitte in Overijssel und Gelderland erweisen. Ein rein politischer Gewaltakt Karls V. hat diese deutschen Landschaften fremden Belangen dienstbar gemacht.

Daß die Zugehörigkeit der Niederlande zum Reiche nur noch eine Form war, wurde noch deutlicher, als sie 1556 bei der Abdankung Karls V. an die spanische Linie des Hauses Habsburg übergingen. Ja, für den nördlichen Teil wenigstens wurde noch vor Ablauf eines Jahrhunderts auch diese Form zerrissen. Im achtzigjährigen Aufstand und Unabhängigkeitskriege erkämpften sich die sieben (jetzt neun) nördlichen Provinzen die Selbständigkeit. Von einer Rückkehr zu dem von den katholischen Habsburgern regierten Reich war selbstverständlich keine Rede mehr. Im Westfälischen Frieden 1648 wurde der Republik der Vereinigten Niederlande die volle Souveränität zuerkannt und damit auch das letzte schwache Band gelöst, das sie noch mit dem Reiche verknüpfte.

Zu derselben Zeit wie hier im Westen hatte im O s t e n ein ähnlicher Abbröckelungsprozeß deutschen Reichslandes begonnen. Die Niederlage von Tannenberg 1410 leitet die Zeit des Verfalls der deutschen Ordensmacht ein. Zwar blieb sein Kernbesitz noch unangetastet, nur das langumstrittene Samogitien mußte der Orden damals seinem litauisch-polnischen Überwinder endgültig überlassen. Das Unglück war, daß die Regierung des Ordens im eigenen Lande eine tiefe Unzufriedenheit erregte. Die starre Ordnung dieses geistlichen Militärstaats hatte sich überlebt, sie paßte nicht mehr zum Kulturstand des Landes. Die Städte sahen mit scheelen Blicken den Wettbewerb, den ihnen der Orden auf ihrem eigensten Gebiete, dem Handel machte. Dem Landadel dünkte die hochmütige Absonderung der Ordensritter unerträglich. Beide waren gewillt, sich größeren Anteil an der Landesherrschaft zu erkämpfen, sei es auch um den Preis einer völligen Vernichtung der bisherigen obersten Gewalt. Im dreizehnjährigen Ordenskriege (1453—1466) verbündeten sich die beiden aufrührerischen Stände mit dem Polenkönig, unter dessen Herrschaft sie sich freier bewegen zu können glaubten. Im zweiten Thorner Frieden 1466 mußte der Hochmeister Westpreußen, genauer gesagt Pommerellen, Ermland und Kulmerland, gänzlich an Polen abtreten. Ostpreußen verblieb ihm zwar, jedoch er selbst wurde polnischer Reichsfürst. Dadurch wurde jedes staatsrechtliche Band zwischen dem Deutschen Reiche und dem Ordensland Preußen zerschnitten, die Reichsgrenze an die Leba, den Grenzfluß zwischen Westpreußen und Hinterpommern, zurückverlegt. Die Frage, wie die frühere Abhängigkeit des Hochmeisters vom Deutschen Reiche und vom Kaiser rechtlich zu bestimmen sei — ob als Lehensverhältnis oder in anderer Weise —, ist allerdings strittig, unzweifelhaft aber konnte er seit 1466 nicht mehr als Angehöriger des Deutschen Reiches betrachtet werden, so entschieden auch von seiten des Kaisers gegen die Gültigkeit des Thorner Friedens Verwahrung eingelegt wurde. Der Zufluß deutcher Einwanderer hat seit dieser Zeit aufgehört; in Westpreußen gewann das Polentum sogar in den nächsten Jahrhunderten beim Adel und auf dem platten Lande wieder an Boden.

Durch die Unterwerfung Preußens unter Polen war der Livländische Ordensstaat noch mehr als bisher vom Reiche räumlich getrennt worden. Auch konnten der livländische Ordensmeister wie sein deutscher Amtsgenosse, der Deutschmeister, als deutsche Reichsfürsten unmöglich fortan einem polnischen Vasallen huldigen. Livland sah sich auf seine eigene Kraft allein angewiesen, und das in einer Zeit, wo ringsum die Nachbarvölker, der allgemeinen europäischen Bewegung folgend, unter Erstarkung der Fürstenmacht sich zu leistungsfähigen Nationalstaaten umbildeten. Wäre der Ordensstaat wenigstens in sich einig gewesen! Aber auch hier setzt sich die territoriale Zersplitterung des Reiches gleichsam innerhalb des Territoriums fort in zerrüttenden Zwistigkeiten zwischen dem Rigaer Erzbischof und Domkapitel auf der einen, den Ordensrittern auf der anderen Seite. Der weitblickende Ordensmeister Walter von Plettenberg suchte den Anschluß an das Reich fester zu knüpfen, indem er sich auf dem Augsburger Reichstag 1530 förmlich mit Livland als einem Reichslehen investieren ließ. Genützt hat das Livland nichts. Kaiser und Reich haben nicht einen Finger gerührt, um der großen deutschen Ostseekolonie in ihrem Verzweiflungskampfe beizustehen. Ein Menschenalter später hat sich ihr Schicksal vollendet. Vier Mächte suchten sich in die Beute zu teilen. Der räumlich nächste und einflußreichste Nachbar war das Jagellonische Reich Polen-Litauen. Ihm trat von der See und von Norden her die aufsteigende Ostseegroßmacht Schweden entgegen. Den Streit der beiden Nebenbuhler machte sich im Osten der russische Großfürst, Zar Iwan IV., der Schreckliche, zunutze, um die moskowitische Macht wie einen Keil zwischen sie bis zur Ostsee vorzuschieben. Endlich meldete im Westen Dänemark in Erinnerung seines alten estländischen Besitzes seine Ansprüche an. Als sich 1558 die Horden Iwans IV. raubend und mordend über das Land ergossen, konnte es sich nur noch um die Frage handeln, zwischen welcher Herrschaft der Orden wählen wollte. Der letzte Ordensmeister, Gotthard Kettler, entschied sich für Polen. Er selbst rettete für sich den größten Teil von Kurland und Semgallen als weltliches Herzogtum unter polnischer Lehenshoheit. Südlivland fiel an Polen, Nordlivland und Estland an Schweden, die östlichen Teile beider Landschaften an Rußland. Auf Ösel und im kurländischen Stift Pilten (im Nordzipfel der Provinz) behauptete sich der dänische Prätendent Herzog Magnus von Holstein, ein Bruder des Dänenkönigs Christian IV. 1562 wurde der Orden förmlich aufgelöst. Daß die Rechte des Deutschen Reiches auf Livland noch im Stettiner Frieden 1570 auf dem Papier anerkannt wurden, hatte keine tatsächliche Bedeutung. Riga nannte sich noch bis 1581 eine deutsche Reichsstadt. Dann mußte es vor den Polen kapitulieren und auf seine Selbständigkeit verzichten.

Freilich war damit der Kampf um das Land nicht beendet. Hing doch die Vorherrschaft in der Ostsee wesentlich mit davon ab, wer den Besitz dieser wertvollen Gebiete behaupten würde. Wir können den Fortgang dieses Ringens hier nicht im einzelnen verfolgen. Im Anfang des 17. Jahrhunderts ist Schweden zunächst als Sieger aus dem Streite hervorgegangen. Ein Jahrhundert später hat es der unter Peter dem Großen stürmisch vordringenden russischen Macht weichen müssen. Nur Kurland bewahrte sich eine gewisse Selbständigkeit, wurde aber 1795 ebenfalls dem Russischen Reiche einverleibt.

Bis zum Jahre 1581 etwa (in diesem Jahre entschied sich Livlands Schicksal für längere Zeit und sagten sich die in der Utrechter Union vereinigten nordniederländischen Provinzen endgültig von Spanien los) war die Länge des deutschen Küstenanteils von rund 2900 km auf rund 960, ein knappes Drittel, zusammengeschrumpft. Aber damit war diese Entwicklung noch nicht zu Ende. Auch von dem Rest der Küste zwischen Ems und Leba sind in den nächsten Jahrzehnten noch bedeutende Stücke unter fremde Botmäßigkeit geraten.

Zunächst ist da auf Ostfriesland hinzuweisen. Aus den Hemmungen, die der niederländische Aufstand dem Verkehr der holländischen Seestädte bereitete, hat Emden zunächst bedeutenden Vorteil gezogen. Es ist damals (um 1572) zeitweilig im Besitz der größten Handelsflotte Europas gewesen. Später haben freilich die Niederländer durch Sperrungen der Ems dafür gesorgt, daß die Bäume der Emder nicht in den Himmel wuchsen. Schließlich ist es durch Zwistigkeiten der städtischen kalvinistischen Machthaber mit dem ostfriesischen Grafenhause dahin gekommen, daß die Generalstaaten auf Ansuchen des rebellischen Rats eine Garnison in die Stadt legten (1602), angeblich um diese gegen Anschläge der Grafen zu schützen. Emden galt seitdem in dem großen, die Weltpolitik beherrschenden spanisch-niederländischen Kampfe nicht mehr als neutral, es büßte seine blühende Spanienfahrt ein, und die Mündung der Ems blieb bis über den Westfälischen Frieden hinaus ebenso der freien Verfügung Deutschlands entzogen, wie es schon mit der Rheinmündung der Fall war.

Noch schwerere Folgen zog die Besitznahme deutscher Küstengebiete nach sich, die von den beiden skandinavischen Ostseemächten ausging.

Ich habe oben erwähnt, daß die Belehnung des schauenburgischen Grafenhauses mit Schleswig 1386 die dauernde Vereinigung Schleswigs mit Holstein und eine Zunahme des deutschen Einflusses in Schleswig nach sich zog. Dadurch, daß 1461 Herzog Christian von Schleswig-Holstein auch die dänische Krone erlangte, nahmen jedoch die Ereignisse eine Wendung, die sich dem Deutschtum auf die Dauer nicht als förderlich erweisen sollte. Wie es natürlich war, und wie es sich gerade in der deutschen Geschichte bei verschiedenen Gelegenheiten erprobt hat: der kleinere politische Körper, obwohl scheinbar der dominierende, erlag der Anziehungskraft des größeren. Nicht mehr wurde Schleswig und nun auch Dänemark von Holstein aus geleitet, sondern umgekehrt übte Dänemark beherrschenden Einfluß auf Schleswig-Holstein. Zunächst freilich redete man von Kopenhagen aus wenig in die Angelegenheiten der Herzogtümer hinein. Als aber mit Christian IV. ein Fürst den Thron bestieg, der gesonnen war, seine königlichen Rechte unnachsichtlich zur Geltung zu bringen, und der besonders von einer Erweiterung seiner Seeherrschaft und des Seehandels seiner Untertanen träumte, wurde dies anders. Christian plante nichts Geringeres, als die Ausbreitung der dänischen

Macht über ganz Nordwestdeutschland, wobei er die Besetzung der nordwestdeutschen Bischofsstühle mit Angehörigen seines Hauses als politisches Mittel benutzte. Diese großen Entwürfe brachte allerdings Christians Niederlage bei Lutter am Barenberge (1626) zum Scheitern. Nur Holstein verblieb ihm als Operationsbasis für weitere Anschläge gegen deutsches Gebiet, und hier hat er dann auch seine Macht, namentlich zur Bedrückung des Elbhandels, weidlich ausgenutzt. Hamburg bekam seine Hand wiederholt schwer zu fühlen, mußte ihm sogar als Landesherrn huldigen, ohne sich freilich wirklich unter seine Hoheit zu beugen.

Mit weit größerem Erfolg hat sich Schweden, Dänemarks Wettbewerber im Kampf um das Dominium maris Baltici, in die deutschen Verhältnisse eingemischt. Als Gustav Adolf 1630 seine Armee nach Pommern hinüberführte, tat er es, um dem drohenden Angriff der siegreichen Gegenreformation, der Umklammerung durch die vereinigte spanisch-habsburgisch-polnische Macht zuvorzukommen. Sein Siegeszug durch Deutschland gab seiner ursprünglich eher abwehrsamen Politik eine mehr angreifsame, vordringende Richtung. Das Ziel schien nicht unerreichbar: ein großes protestantisches schwedisch-norddeutsches Bundesreich, ein Corpus bellicum et politicum Evangelicorum in Deutschland unter Schutzherrschaft der schwedischen Krone zu begründen. Des Königs volkswirtschaftlicher Ratgeber, der erfindungsreiche Südniederländer Willem Usselinx, gestaltete diese Entwürfe mit der Absicht auf Handel und Seeherrschaft aus und entwarf in der „Argonautica Gustaviana" mit schöpferischer Einbildungskraft ein glänzendes Bild baltischer Zukunft. Ihm schwebte ein schwedisch-deutsches Ostseereich vor, das die Gestade des Baltischen Meeres, als eines gewaltigen Hafenbeckens gleichsam, umsäumen und das von den Stapelplätzen Gotenburg und Stralsund aus die Kräfte Skandinaviens und Deutschlands dem Welthandel zuführen sollte. Gustav Adolfs jäher Tod hat auch diese Pläne stark beschnitten. Schweden verzichtete auf die „Assecuratio", die Schutzherrschaft über die protestantischen deutschen Reichsstände, und begnügte sich mit der „Satisfactio", dem Besitz der wichtigsten deutschen Ostseeküstenpunkte und -landschaften, dem „Glacis der Festung Schweden": ganz Vorpommern einschließlich Stettins und der Odermündung, Rügen, Wismar. Dazu an der Nordsee die Herzogtümer Bremen und Verden zwischen Unterelbe und Unterweser — mit Finnland und dem livländischen Besitz zusammen ein gewaltiges Bollwerk um das Reich Schweden herum, das zugleich eine „Einkreisung" des rivalisierenden Dänemark darstellte: denn in Livland und an der Unterelbe trat Schweden den Vergrößerungsabsichten Christians IV. unmittelbar in den Weg.

Mit dem Jahr 1648 und in den folgenden Jahrzehnten ist der Tiefstand erreicht. Niemals vorher und nachher ist Deutschland so vollständig von der See abgedrängt, so völlig auf eine binnenländische Lage beschränkt gewesen. Tatsächlich befanden sich die Mündungen sämtlicher größeren Flüsse und Ströme, die für den Verkehr etwas bedeuteten, in dieser oder jener Form unter fremder Macht und Aufsicht. Die Rhein-Maasmündung war in niederländischem Besitz, Niederländer hielten die Wacht auch an der Ems und am Dollart. Die Wesermündung war an der rechten Seite von Schweden und seit 1667, wo das Herzogtum Oldenburg dem dänischen Königshaus anheimfiel, auf der linken Seite von Dänemark besetzt. Ebenso, nur in umgekehrter Reihenfolge, verhielt es sich an der Unter-

20 Meereskunde.

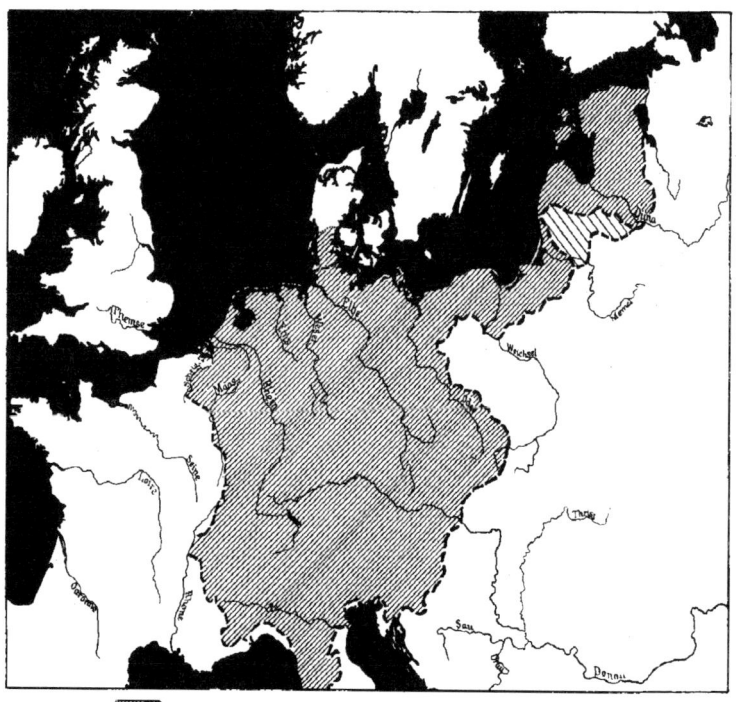

▨ Gebiete unter deutscher Botmäßigkeit.
▧ Umstrittenes Gebiet, zeitweise unter deutscher Botmäßigkeit.
☐ Gebiete unter fremder Botmäßigkeit.
------- Reichsgrenze.

Abbild. 1. **Deutschlands Seegrenzen im 14. Jahrhundert.**

elbe: das linke Ufer in schwedischen, das rechte in dänischen Händen. Die Odermündung stand völlig unter schwedischer Oberhoheit, ebenso die Düna, die Weichsel unter polnischer, ebenso Memel und Pregel, wenigstens mittelbar. Unter unumschränkter Verfügung einer deutschen Regierung befanden sich nur ganz wenige Punkte an der Küste: die unbedeutenden Häfen Hinterpommerns, Kolberg, Rügenwaldermünde usw., ferner Rostock mit Warnemünde, endlich Lübeck mit Travemünde; an der Nordsee die kleinen ostfriesischen Plätze, soweit sie nicht (wie Norden) niederländische Garnison

Deutschlands Zurückdrängung von der See.

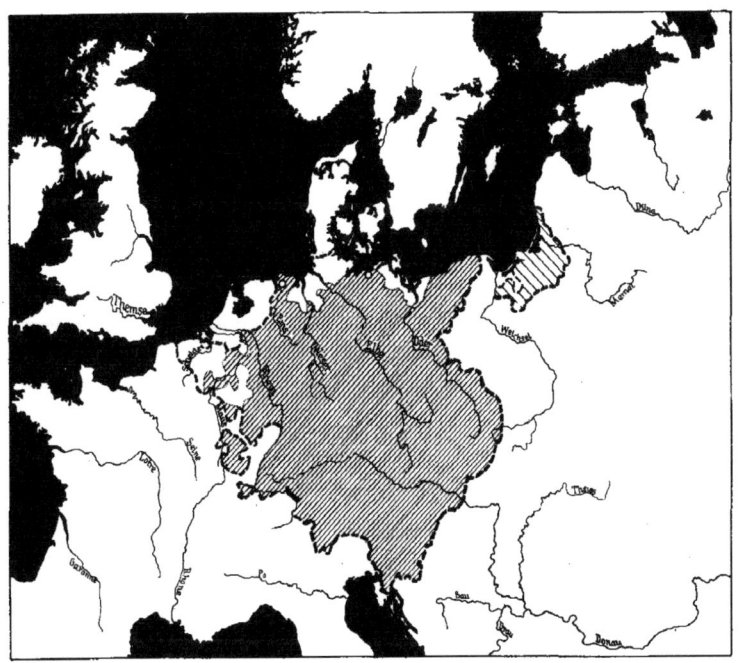

▨ Gebiete unter deutscher Botmäßigkeit.
☐ Gebiete unter fremder Botmäßigkeit.
▧ Deutsche Gebiete unter fremder Lehenshoheit (bis 1660).
------ Reichsgrenze.   ········ Territorialgrenze innerhalb des Reiches.

Abbild. 2. **Deutschlands Seegrenzen Mitte des 17. Jahrhunderts.**

beherbergten. Hamburg und Bremen standen nur durch lange, fadendünne, ständig von beiden Seiten bedrohte Verkehrslinien mit der offenen See in Verbindung.

Bezeichnend für diesen Zustand völligen Abgedrängtseins von der See sind die Eingangsworte einer Flugschrift aus dem Jahre 1658, die aus der Umgebung des Großen Kurfürsten hervorgegangen ist:

„Ehrlicher Teutscher!

Dein edles Vaterland war leyder bey den letzten Kriegen unter dem Vorwandt der Religion und Freyheit gar zu jämmerlich und an Mark und Bein dermassen außgesogen, daß von einem so herrlichen Corpore schier nichts übrig verblieben, als das blosse Sceleton: Weme noch einig teutsch Blut um sein Hertz warm ist, muß darüber weinen und seufftzen! Weme sein Vatterland lieb ist, muß die unglückliche Zeiten beklagen: Wir haben unser Gut, Wir haben unser Blut, Wir haben unser Ehre und Nahmen dahin gegeben und nichts damit außgerichtet, als daß Wir uns schier zu Dienstknechten und fremde Nationes berühmet, uns deß uhralten hohen Namens fast verlustig und diejenige, so wir vorhin kaum kenneten, damit herrlich gemacht haben. Was sind Rhein, Weser, Elbe und Oderstrohm nunmehr anders als frembder Nationen Gefangene? Was ist Deine Freyheit und Religion mehr, als daß andere damit spielen? Summa, alles verlohr sich mit dem trefflichen Pommern, mit andern so stattlichen Ländern!"

Die Flugschrift schließt mit der Mahnung: „Gedenke, daß du ein Teutscher bist!"

Überblicken wir noch einmal die Folge der Begebenheiten seit Beginn des 15. bis zur Mitte des 17. Jahrhunderts, so drängt sich uns die Frage auf: was waren die tieferen Gründe dieser Zurückdrängung Deutschlands von der See, dieser eigentümlichen staatlichen Ohnmacht gerade an der Küste, und was bedeutete diese Entwicklung tatsächlich für Deutschland?

Die eigentliche, tieferliegende Ursache bei all den geschilderten Abspaltungen und Abbröckelungen vom Körper des Deutschen Reichs ist die völlig entgegengesetzte staatliche Entwicklungsrichtung, die Deutschland im Vergleich zu fast allen übrigen europäischen Mächten im späteren Mittelalter eingeschlagen hat. Überall sonst in Europa gelang es der Krone, dem Königtum, früher oder später, die Macht des großen

Lehnsadels zu brechen und die Kräfte des gesamten Volkes unter Leitung eines starken Fürstentums zusammenzufassen. Der alte L e h n s s t a a t wurde durch den viel leistungsfähigeren N a t i o n a l s t a a t ersetzt. Dabei stützte sich das Königtum vor allem auf das Bürgertum, dessen gewerbliche und kaufmännische Arbeit teils für den Staat ausgenutzt, teils wieder von ihm gepflegt und beschirmt wurde, ein politisches Verfahren, das man als System des Merkantilismus zu bezeichnen gewöhnt ist. Der Schiffahrt ihres Landes, der freien Verbindung mit der See, die es ermöglicht, die gesammelten Wirtschaftskräfte des Landes jederzeit an beliebiger Stelle im Wettbewerb des Weltmarktes einzusetzen, wurde dabei von fast allen Fürsten frühzeitig besondere Beachtung geschenkt. Ist doch die See in dem reichgegliederten, tiefgebuchteten Europa das Verkehrsmittel ohnegleichen. Es war keine neue, sondern eine längst erprobte Weisheit der merkantilistischen Zeit, der der Große Kurfürst in seiner kräftigen Barock-Redeweise Ausdruck gab: „Seefahrt und Handlung sind die fürnehmsten Säulen eines Estats, wodurch die Unterthanen beides zu Wasser, als auch durch die Manufakturen zu Lande ihre Nahrung und Unterhalt erlangen."

Das Deutsche Reich hat diese Entwicklung zum Nationalstaat nicht mitgemacht. Es hat im Gegenteil der Macht der großen Vasallen, der Reichsfürsten, immer weitere Zugeständnisse eingeräumt — eine Folge der italienischen Politik der deutschen Kaiser, auf deren Gründe und Berechtigung hier nicht weiter eingegangen werden kann —, und es ist auf dieser Bahn zu beispielloser staatlicher Zersplitterung, zur fast völligen Überlassung des Rechts der Souveränität an die Einzelterritorien gelangt. Diese aber waren, an Macht den fremden

Nationalstaaten nicht gewachsen, in ihrer Vereinzelung hilflos. Dazu kam, daß es durch eine Entartung, oder richtiger gesagt, durch die folgerichtige Durchführung des Lehnsrechts, dem nationale Gesichtspunkte ganz fernlagen, fremden Machthabern möglich war, die deutsche Reichsstandschaft zu erlangen, ein Umstand, der unvermeidlich zur Entfremdung weiter Gebiete vom Reiche führen mußte. Die fremden Nachbarfürsten erkannten die Vorteile des Besitzes deutscher Küstenstriche früher als die binnenländischen Territorien, sie waren vor allen Dingen besser imstande, ihre Absichten durchzuführen, und sie boten den Untertanen der losgerissenen Landschaften und Städte durch die Vereinigung mit einem politisch mächtigen Wirtschaftsganzen oft solche Vorteile, daß diese die Fremdherrschaft geradezu herbeiwünschten. Holsteiner und Pommern sind durchaus zufrieden, ja stolz darauf gewesen, mächtigen Reichen wie Dänemark und Schweden anzugehören. Mit Verachtung haben sie unter ihrem Danebrog und dem gelben Kreuz im blauen Felde auf die anderen herabgesehen, die keine so angesehene, gefürchtete Flagge im Topp führen konnten. Danzig hat sich mit voller Absicht unter polnische Hoheit begeben, und daß die Holländer den Anschluß an Burgund mit Jubel begrüßten, haben wir schon erwähnt.

Die rechtliche sowohl wie die tatsächliche Lage, die sich aus der Zurückdrängung ergab, war also keineswegs einfach, sondern recht verschieden. Staatsrechtlich waren nur die nordniederländische Küste (von der Schelde bis zum Dollart) sowie die preußische und baltische (alles was östlich der Leba lag) vom Reiche getrennt. Die Küste zwischen Dollart und Leba sowie (seit 1526) das kurze Stück flandrischen Gestades gehörte dem Namen nach zum Reiche. Tatsächlich aber übte z. B. der König von Dänemark in Holstein eine viel tiefergreifende und dem Reiche viel schädlichere Macht aus als etwa der König von Polen in Danzig, das sich nahezu völliger Selbstherrlichkeit erfreute. Deshalb konnte Danzig, obwohl es überhaupt keinen politischen Zusammenhang mehr mit dem Deutschen Reiche hatte, viel eher als eine deutsche Seestadt gelten als Husum, Flensburg, Altona, Stralsund oder Stettin.

Im allgemeinen kann man sagen, daß die seefahrenden Küstenanwohner selbst die fremde Botmäßigkeit selten als drückende Fessel empfunden haben.[3]) Viel schlimmer waren die Folgen für das deutsche Hinterland. Gerade damals, im 16. Jahrhundert, begannen Nieder- und Oberdeutschland in viel höherem Maße zu einer Wirtschaftseinheit zu verschmelzen, als es bisher der Fall gewesen. Während bisher die oberdeutschen Städte vorwiegend die Beziehungen nach Süden und Südosten gepflegt und nur über die Straße des Rheins mit der Nordsee in Verbindung gestanden hatten, wurden jetzt über Frankfurt, Nürnberg und Leipzig Handelswege nach der Deutschen Bucht, nach der Ems-, Weser- und Elbmündung gesucht. Schlesien strebte nach einer brauchbaren Wasserstraße ebendorthin durch das norddeutsche Urstromtal. Für den hansischen Handel war der Zwischenhandel von der östlichen Ostsee nach Westeuropa, die Versorgung der Niederlande, Westdeutschlands, Englands, Frankreichs, Spaniens mit ostbaltischen Rohstoffen und umgekehrt die des Ostens mit westlichen Gewerbeerzeugnissen usw. das Hauptgeschäft gewesen. Jetzt war dieser Zwischenhandel meist in fremde Hände geraten. Die Aufgabe des

---

[3]) Völlig anders lagen die Verhältnisse natürlich bei der schleswig-holsteinischen Frage im 19. Jahrhundert.

deutschen Handels wurde eine andere: es galt, die in steigendem Maße im Binnenland verbrauchten Kolonialwaren, ferner Genußmittel, wie Seesalz, Heringe, endlich Fabrikate, wie englisches Tuch, englische Metallwaren usw. einzuführen, und dafür Getreide, Rohstoffe und einige dem deutschen Gewerbfleiß eigentümliche Erzeugnisse (Schlesische Leinwand, Nürnberger Kramgut usw.) zur Ausfuhr zu bringen. Da die Mehrheit des Einfuhrguts von Westen (Westeuropa, Mittelmeer, Levante, West- und Ostindien) kam, dort auch das meiste der Ausfuhr aufgenommen wurde, so wurden Hamburg und Bremen, überhaupt die Nordseeplätze, die Brennpunkte des deutschen Seehandels. Auch die Verteuerung der Ostseezufuhr durch den dänischen Sundzoll spielt bei dieser Verschiebung mit. Hamburg und Bremen selbst, schon tief landeinwärts gelegen, teilten also durchaus die Belange des deutschen Binnenlandes, und sie hatten unmittelbar am meisten unter der Sperrung der Strommündungen zu leiden. Die schmähliche Lage wird am hellsten beleuchtet durch einen Hinweis auf den finanziellen Tribut, den Deutschland an seinen eigenen Strommündungen fremden Kronen opfern mußte. Schweden erhob seit dem Dreißigjährigen Kriege vor den pommerschen Häfen, vor Wismar und Warnemünde (ursprünglich auch vor den preußischen und kurländischen Häfen) sogenannte Lizenten, und diese hohen Seezölle waren, wie Axel Oxenstjerna sich einmal ausdrückte, „ein größeres arcanum regni Sueciae, als mancher glaube". An der Elbe erhob Schweden ferner den Stader Zoll, der König von Dänemark 1630—1645 den Glückstädter Zoll, dazu als Nachfolger des Oldenburger Grafen seit 1667 den Elsflether Weserzoll, des Sundzolls und der von den Niederländern in ihren Häfen vereinnahmten „Lizenten und Konvoien" nicht zu vergessen, die den Rheinverkehr schwer belasteten. So flossen jährlich viele hunderttausende Taler in die Kassen fremder Regierungen. Besonders die deutsche Ostseeschiffahrt ist durch diese Besteuerung in ihrem Gedeihen empfindlich beeinträchtigt worden. Anders als im Westen verhielten sich die Dinge freilich bei den ostbaltischen deutschen Häfen, von Danzig an ostwärts. Diese waren gerade durch ihre Loslösung vom Reich mit ihrem natürlichen Hinterland (Polen, Litauen usw.) vereinigt worden und haben aus dieser Vereinigung manchen Vorteil gezogen.

Der schwerste Schaden lag jedoch darin, daß das Deutsche Reich, indem es die Verfügung über den größten Teil seiner Küste verlor, außerstand gesetzt wurde, als Seemacht aufzutreten. Man könnte einwenden, daß es dies auch früher nicht getan habe. In der Tat haben sich Reich und Kaiser im Mittelalter niemals um Seeherrschaft bekümmert, ihre Politik war durchaus auf das Festland gerichtet. Die Hanse hat in dieser Beziehung dem Reiche seine Aufgaben abgenommen, aber die Entfaltung kriegerischer Flottenmacht kam für sie immer nur in zweiter Linie in Betracht, und an der Kraft, ja auch nur dem Willen, die norddeutsche Küste mit ihrem nächsten Hinterland zu einer Staatseinheit unter Führung der Städte zu verschmelzen, etwa vergleichbar der Republik der Vereinigten Niederlande, gebrach es ihr völlig. Nur ein staatlich geeintes Norddeutschland aber hätte es vermocht, einer Entfaltung von Seemacht den nötigen Nachdruck zu geben, die einzelnen Städte und Territorien waren dazu nicht fähig. Als der Kaiser im 17. Jahrhundert den Willen zeigte, an die Gründung einer Seemacht zu gehen, war es zu spät. Der konfessionelle Zwist schloß jedes Vertrauen aus, und mit gutem Grunde vermuteten die

Hansestädte hinter diesen Versuchen mehr die Absicht, den Katholizismus, die Gegenreformation an den Gestaden der Nord- und Ostsee wieder zur Herrschaft zu bringen, als dem deutschen Handel und der deutschen Schiffahrt zu ihrem Rechte zu verhelfen. So blieben die „Reichsmarinepläne" das lächerliche Steckenpferd wohlmeinender aber ohnmächtiger Abenteurer, und da alle brauchbaren Häfen schon in fremden Händen waren, ersahen diese unermüdlich schreibseligen Seehelden unbedeutende Nester, wie Greetsiel u. a., als Stützpunkte der künftigen Deutschen Reichsflotte.

Daß es nicht bei dieser trostlosen Lage verblieben ist, daß Deutschland wieder über seine eigenen Küsten verfügen konnte, ohne daß ihm Fremde hineinredeten, ist im wesentlichen dem Aufstieg des brandenburgisch-preußischen Staates seit dem Großen Kurfürsten zu verdanken. Schritt für Schritt hat dieser Staat seine Macht über das norddeutsche Tiefland ausgebreitet, hat zunächst die Ostseeküste erreicht und zum größten Teil unter seine Botmäßigkeit gebracht — mit mehr Glück, als die askanischen Markgrafen Brandenburgs, die im 13. und 14. Jahrhundert mehrere vergebliche Anläufe in dieser Richtung unternommen hatten —, hat dann auch an der Nordseeküste Fuß gefaßt. Dadurch ist endlich wieder die erste Grundbedingung für die Schaffung einer reindeutschen Seemacht gegeben, sind auch für Deutschlands Handel und Schiffahrt wieder erträgliche Bedingungen geschaffen worden, mit durchschlagendem Erfolge freilich erst spät, etwa in den Jahren 1857 (Aufhebung des Sundzolls) bis 1867 (Vereinigung Schleswig-Holsteins und Hannovers mit Preußen). Das lebenskräftigste Territorium bildete die Wurzel, aus der der neue deutsche Staat erwuchs; und dieses neue Lebewesen beseitigte endlich die fremden Schmarotzer auf deutschem Boden, die widernatürlichen Ausartungen der längst überlebten Ordnung des Lehnswesens.

Verfolgen wir kurz die Hauptstufen auf diesem Wege der Wiedergewinnung der deutschen Küste: 1648 wurde dem Großen Kurfürsten Hinterpommern zugesprochen. Damit dehnte er zum erstenmal seinen Staat bis ans Meer aus. 1660 fügte er dazu Ostpreußen, das ihm Polen im Frieden zu Oliva als freies Eigentum überlassen mußte. In Kolberg und Pillau sind die ersten Anfänge der brandenburgischen Marine erwachsen, und es erregte „ein großes Aufsehen, Nachdenken und allerlei Diskurse" in Kopenhagen und Stockholm, als 1680 von Pillau auslaufend ein stattliches Geschwader von 6 Fregatten die brandenburgische Flagge im Sunde zeigte. Man sah darin nicht mit Unrecht die Anzeichen einer neuen Zeit. Um auch an der Nordsee einen Stützpunkt zu haben, schloß Friedrich Wilhelm 1683 mit den ostfriesischen Ständen und der Stadt Emden einen Vertrag ab, der es ihm ermöglichte, den Sitz seiner Afrikanischen Kompagnie und eines Admiralitäts-Kollegiums nach Emden zu verlegen. Seine anfänglich mit Erfolg gekrönten Versuche, Vorpommern den Schweden zu entreißen, scheiterten. Im Frieden von St. Germain 1679 mußte er alle seine Eroberungen bis auf einen schmalen Streifen an der Grenze Hinterpommerns wieder herausgeben. Erst 1720 erwarb Friedrich Wilhelm I. Vorpommern bis zur Peene mit Stettin und den Inseln Wollin und Usedom. Gleichzeitig (1719) übernahm ein anderer deutscher Staat, Hannover, die Herzogtümer Bremen und Verden aus der Erbmasse der sinkenden Großmacht Schweden. Die maritimen und kolonialen Unternehmungen des Großen Kurfürsten wurden freilich von seinen Nachfolgern wieder aufgegeben. Doch gelangte Friedrich der Große 1744 durch Erbgang in den Besitz Ostfrieslands und konnte von Emden Handelsschiffe nach Ostasien segeln lassen. 1772 endlich geschah ein bedeutender Schritt vorwärts durch die Erwerbung Westpreußens bei der ersten Teilung Polens, die Ostpreußen wieder in tatsächliche territoriale, wenn auch nicht staatsrechtliche Verbindung mit dem Reiche brachte.

Eine eigentümliche Rolle spielte damals auch Flandern in der Frage, die uns hier beschäftigt. Wir erwähnten schon, daß dieses Küstengebiet 1526/29 auch rechtlich von Frankreich getrennt und mit dem burgundischen Hausbesitz vereinigt worden, dann mit den gesamten Niederlanden an die spanische Linie des Hauses Habsburg übergegangen war. Dieser Besitz verminderte sich in der Folge freilich beträchtlich durch die Loslösung der nördlichen Provinzen, und im Süden erzwang Ludwig XIV. 1659, 1668, 1678 weitere Abtretungen (Artois, Lille, Valenciennes, Cambrai). Das 1658 von den Engländern besetzte Dünkirchen kaufte ihnen Ludwig vier Jahre später ab. Die Grenze wurde dadurch dorthin verlegt, wo sie noch jetzt zwischen Belgien und Frankreich verläuft. Im Spanischen Erbfolgekriege (1714) fielen die südlichen Niederlande, oder wie wir von jetzt an der Kürze halber sagen können, Belgien, wieder an die österreichische Linie der Habsburger. Dadurch kam die flandrische Küste wieder in engeren Zusammenhang mit dem Reiche, und es lag nicht außer dem Bereich der Möglichkeit, auch hier Ansätze für eine reichsdeutsche Seemacht zu schaffen, zumal diese Gebiete ja dem Kaiser selbst unterstanden. Tatsächlich hat Kaiser Karl VI. den Versuch gemacht (1722), von Ostende aus überseeische Unternehmungen einzuleiten, da Antwerpen wegen der niederländischen

Scheldesperre als Sitz der Kompagnie nicht in Frage kam. Aber die Eifersucht Englands und Hollands erstickte das verheißungsvolle Beginnen. Die Auflösung der Ostender Kompagnie war der Preis für die Anerkennung der Pragmatischen Sanktion durch die Seemächte. Auch ein erneuter Versuch Josephs II., die Scheldesperre zu sprengen, zeitigte keinen besseren Erfolg. In den Revolutionskriegen, formell im Frieden zu Campo Formio 1797, ging dann schließlich ganz Belgien an Frankreich verloren.

Überhaupt wirkte um die Wende vom 18. zum 19. Jahrhundert eine ganze Reihe von Ereignissen der Wiedergewinnung der deutschen Küste entgegen. Schon daß 1773 der sogenannte großfürstliche Anteil (der Linie Gottorp) in Holstein durch Tausch an die königliche (dänische) Linie des Herrscherhauses kam, blieb auf die Zukunft nicht ohne Einfluß, weil erst seit dieser Zeit Schleswig-Holstein eine staatliche Einheit unter Herrschaft des Königs von Dänemark bildete (in Schleswig war der herzogliche Anteil schon 1721 mit dem königlichen vereinigt worden). Dafür erhielt Oldenburg bei dem Tauschhandel 1773 wieder ein eigenes deutsches Herrscherhaus, eine jüngere Linie des Hauses Holstein-Gottorp. Als eine kleine (freilich typische) Absonderlichkeit sei hierbei erwähnt, daß das kleine Ländchen Jever (an der Westseite der Jade) 1793—1807 durch Personalunion mit Rußland verbunden war. Die napoleonische Zeit räumte hier gründlich auf. In den Jahren 1810—1813 waren nicht nur die gesamten Niederlande, sondern auch das deutsche Nordseegebiet, ja sogar ein schmaler Streifen an der Ostsee (mit Lübeck) dem französischen Kaiserreich einverleibt.

Bei den Verhandlungen über die Neuordnung der Ländergebiete nach dem Sturze Napoleons 1814—1815 tauchten die Gespenster der überwundenen Zeit des Feudalismus und der Staatszersplitterung wieder auf. Allerdings waren es weniger die vorgeschobenen Gründe des Legitimitätsprinzips, als der Haß und Neid gegen Preußen, die einer Gesundung der deutschen Staats- und Grenzverhältnisse im Wege standen. Belgien wurde, auf Englands Antrieb, mit den nördlichen Niederlanden zu einem Königreich unter oranischer Herrschaft vereinigt. England machte dabei nach zwei Seiten ein gutes Geschäft: es versöhnte die Holländer, die Grund hatten, über den Raub ihrer alten Kolonien Ceylon und Kapland ungehalten zu sein, und es verhinderte, daß in Antwerpen sowie an der England in so drohender Nähe gegenüberliegenden flandrischen Küste sich eine der beiden Großmächte Frankreich und Preußen festsetzte; in den Händen eines ohnmächtigen Mittelstaates waren Antwerpen und Ostende ungefährlich. Nach dem schon 15 Jahre später erfolgenden Zerfall dieser künstlichen Schöpfung hat das „neutrale" Königreich Belgien England denselben Dienst geleistet. Von einer Wiedervereinigung dieser Gebiete des ehemaligen burgundischen Kreises mit Deutschland war bei den Verhandlungen überhaupt nicht die Rede; einen Zusammenschluß mit dem Deutschen Bund wiesen die am Souveränitäts-Größenwahn leidenden Oranier mit Abscheu zurück. Die warnenden Stimmen einiger besorgter Vaterlandsfreunde, vor allem E. M. Arndts, verhallten ungehört.

Mit Mühe und Not gelang es Preußen, Vorpommern mit Rügen in seinen Besitz zu bringen, und damit endlich jahrhundertealten Forderungen zu ihrem Rechte zu verhelfen. Den Preis dafür aber bildete Ostfriesland, das dem welfischen Königreich Hannover bei diesem Tauschhandel überlassen werden mußte.⁴) Und wie viel die Dinge hier noch zu wünschen übrig ließen, lehrt der Hinweis auf die Tatsache, daß Hannover bis 1837 mit England in Personalunion vereinigt war, und daß die hannoverschen Schiffe bis 1866 unter britischer Flagge, der ein kleines Abzeichen eingefügt war, segelten. Als Preußen sich der Aufgabe, mit seiner jungen Marine auch in der Nordsee aufzutreten, nicht länger entziehen konnte, war es gezwungen, von Oldenburg den kleinen Strich an der Jade zu kaufen, auf dem heute Wilhelmshaven steht. Es hat noch bis zu den Jahren 1864 und 1866 gedauert, ehe hier durch die Einverleibung Schleswig-Holsteins und Hannovers in die preußische Monarchie gesundere Verhältnisse geschaffen wurden. Aber erst das Jahr 1890 brachte den Prozeß der Wiedervereinigung deutscher Küstengebiete mit dem deutschen Staate zum Abschluß. Helgoland, das sich 1807 die Engländer angeeignet, und das die deutschen Diplomaten 1814/15 vergessen hatten, wurde im Austausch gegen ostafrikanische Kolonialgebiete dem Deutschen Reiche einverleibt.

Ist der Prozeß der Rückgewinnung deutschen Küstenlandes wirklich abgeschlossen? Wir dürfen heute, nach dem beispiellosen Siegeszuge der deutschen Heere 1914/15, die begründete Hoffnung hegen, daß dem nicht so ist, daß Deutschland seine Meeresgrenze im Osten

---

⁴) Der Nächstberechtigte auf Vorpommern war Dänemark, dem Schweden im Kieler Frieden 1814 diese Landschaft überlassen hatte. Dänemark wurde zum Ersatz für Vorpommern mit dem Herzogtum Lauenburg abgefunden. Da auf dieses aber die Welfen Anrechte hatten, wurden sie von Preußen, das zugleich noch andere Zusagen einzulösen hatte, mit Ostfriesland entschädigt.

und Westen so erweitern wird, wie es seine Lebensnotdurft erfordert.

Wenn Deutschland in dem Wirtschaftskampfe, den England nach eigener Ankündigung auch nach dem Friedensschluß fortzusetzen beabsichtigt, wirklich die Freiheit der Meere sichern will, so ist die unerläßliche Vorbedingung eine Stärkung seiner maritim-strategischen und handelspolitisch-kommerziellen Basis, d. h. die Erwerbung neuer Seestützpunkte, die Erweiterung seiner Seegrenze. Denn nicht Paragraphen, sondern Kanonen und Torpedos sind die Hüter des Völkerrechts. Das Maß und die staatsrechtliche Form dieser Erweiterung bleibe hier unerörtert. Nur eines sei noch bemerkt: die Frage, ob zu erwerbende Gebiete früher zum alten Deutschen Reiche gehört haben, ist nebensächlich. Wir sahen, daß Flandern erst seit 1526 staatsrechtlich zum Deutschen Reiche gehörte. Daß die Vlamen dem niederdeutschen Volkstum verwandt sind, daß Deutsche in den baltischen Provinzen die führende Oberschicht bilden, ist gewiß ein günstiger Umstand, den wir wohl beachten müssen. Entscheidend aber dürfen nur die tatsächlichen Bedürfnisse der Gegenwart und vor allem der Zukunft sein, nicht irgendwelche Erwägungen historischer Romantik. Es liegt ja klar zutage, daß eine Festsetzung etwa an der Straße von Calais oder am Rigaischen Meerbusen heute eine ganz andere Bedeutung hat, in ganz anderem Sinne eine militärisch-politische Notwendigkeit sein kann als in den Zeiten des alten Reiches. Wenn wir irgend etwas aus den oben geschilderten Wandlungen der politischen Geographie Deutschlands lernen können, so ist es dies, daß territorialer Besitz immer die wertvollste Vorbedingung, ja die unerläßliche Voraussetzung für alle politischen Unternehmungen eines Volkes bildet, auch wenn er nicht s o f o r t nach jeder Richtung hin nutzbar gemacht werden kann. Oft stellt sich der volle Wert eines auch nur kleinen Landbesitzes erst nach langer Zeit heraus. Was würden die Engländer darum geben, wenn sie jetzt noch Helgoland besäßen! Unterlassungssünden auf diesem Gebiete rächen sich schwer und können, wenn überhaupt, in der Regel nur mit furchtbaren Opfern wieder gutgemacht werden. Möchten Deutschlands Staatslenker dieser Wahrheit stets eingedenk sein!